AMARAMANDO

POEMAS DE AMOR Y SEXO

ExLibric

LICO DE LA TORRE

AMARAMANDO

POEMAS DE AMOR Y SEXO

EXLIBRIC
ANTEQUERA 2025

AMARAMANDO. POEMAS DE AMOR Y SEXO
© Lico de la Torre
Diseño de portada: Dpto. de Diseño Gráfico Exlibric

Iª edición

© ExLibric, 2025.

Editado por: ExLibric
c/ Cueva de Viera, 2, Local 3
Centro Negocios CADI
29200 Antequera (Málaga)
Teléfono: 952 70 60 04
Fax: 952 84 55 03
Correo electrónico: exlibric@exlibric.com
Internet: www.exlibric.com

ISBN: 979-13-87944-45-2
Depósito Legal: MA 1355-2025

Impresión: PODiPrint
Impreso en Andalucía – España

Nota de la editorial: ExLibric pertenece a Innovación y Cualificación S. L.

LICO DE LA TORRE

AMARAMANDO

POEMAS DE AMOR Y SEXO

No ser amado es una simple desventura;
la verdadera desgracia es no amar.

ALBERT CAMUS

SUEÑOS

Tiene la niña dormida
sueños de amores lascivos,
corceles rompiendo bridas
derrumban muros cautivos.

Vívidos sueños celestes
la púber gruta penetran,
enhiestos arietes buscan
beber la dorada fuente.

Ávidos ojos que arden
en turbulentos anhelos,
húmedos rizos que ciñen
el resplandor del deseo.

Entre sus labios se pierden
quejumbres de amor celoso
y entre sus muslos escurren
las frescas aguas del gozo.

DESENCUENTRO

Tú y yo
nos conocimos una noche.

¿Cuál ha sido el desencuentro
que nos ha desdibujado?

Mi sombra y tu sombra
no se han conjugado.

Tu luz ha huido.
Mi luz no te ha buscado.

¿Cuáles son los conjuros
que no se han pronunciado?

Toda presencia se fugó.
Toda belleza se quebró.
Todo fue olvido.

Nada ocurre cuando solo pudo ser.

BREVE

Breve ha de ser tu nombre.
Breve, como un poema.
Breve el aire, breve el canto.

Breve ha de ser tu nombre
para cantar un mundo nuevo.

Breve ha de ser la esencia.
Breve el instante.

Breve el dios que nos nombre.

Tu nombre escrito

Tengo en la piel tu nombre escrito.

Por eso, cuando te miro,
reconozco el aroma de tu aliento.

Olores que van dejando huellas
en el camino de un dulce encuentro.

Pero digamos que un día, libres,
complacientes, nos damos el silencio
y la luz hacia nosotros emigra,
bondadosa, sabia, zurcidora,
y, desde su profundo origen, nos engalana.

Entonces, desnudos pájaros boreales
abrirán la fuente que ordena el mundo,
haciéndonos eternos reyes del instante.

TANKA

Sola en la playa.
Sombra de arena y agua,
baila desnuda.
Eres la flor del aire.
Eres hija del fuego.

Deuda

Nos debemos un tiempo,
un mirarnos, una emoción,
un despertar los sentidos,
una palabra, un silencio,
un contigo, una canción.

TIRABA PIEDRAS AL MAR

Tiraba piedras al mar
y el mar me las devolvía.

Vestía pañuelos de azul y aire,
zapatos blancos de arena.

En sus ojos se movían
cristales de fantasía.

Su voz callada me dijo
que no hay amor sin herida.

Y se alejó moviendo
nostalgias y amores fríos.

Tiraba piedras al mar
y el mar me las devolvía.

ASÍ ME LLEVAS

Escondida entre sonrisas,
hurtándote entre columnas de juego.

Así me llevas.

Y yo, ondulándome en tu luz,
amando tus perfiles
entre cristales de espejos,
entre el olvido y el fuego.

Es el juego inacabado
de las aguas silenciosas,
del temblor de las manos
sobre una piel gozosa.

Y el recuerdo seminal del aire
penetrando en los sentidos.

HUELLAS

Tengo las manos blancas
del color de la ausencia.

Y entre mis tactos traigo
tu vientre de miel,
tus muslos ardiendo.

Y en la pupila llevo tatuada
el candor de tu mirada.
las huellas de tu inocencia,

SUERTE DE AMOR

Qué suerte tengo de amar
con esta forma de amarte,
amor de alas que en la brisa juega.

Amor sin necesidad ni dependencia,
sin obtención ni pérdidas.

Amor de luces y aromas,
amor sin hambre de piel,
el que no apresa ni pierde.

Amor rumor, amor silencio,
amor sin derrota ni premio.

Amor que es río.

Amor que es puente.

LA VERBENA

En la memoria conservo
el brillo de las verbenas
y aquella noche templada
que, bajo un cielo sonoro,
encontramos un mundo nuevo.

Fue un despertar repentino,
eterno y placentero.

Tierna y larga la noche,
inolvidable el veneno.

SILENCIO CIEGO

Pasean por la calle después de amarse,
oliendo el día, elegantes.

No se tocan ni se miran,
no saben a qué verso juegan,
sus islas flotan a la deriva.

Entretejen recuerdos, culpas y deseos.

Entre ellos, el silencio ciego,
el de las puertas que no se abrieron.

PODRÍA SER

Soy, tú lo sabes,
el aire cálido de tus mañanas,
el que viste tus prisas
midiendo tu verdad a medida.

También soy, ¿por qué no?,
el esqueleto airado que muerde el frío,
quien descompone la cama
mordiendo tu boca de alegrías.

Pero podría no ser cierto,
podría ser nube, lluvia,
hoja en blanco, sola, dormida.

AMOR DE VERANO

Las luciérnagas de la noche,
habitantes de un mundo heredado,
construyen el canto del agua.

Las luciérnagas son amores
que un día estuvieron encendidos.

Brillan en la noche
reflejando amores
de humanas luminarias.

Rotas las bocas,
extinguidos los amantes,
su fuego declina.

Faros de un verano fugaz.

Destellos de una noche.

Huellas sobre cenizas.

Espejismo y abandono.

MARINERA

Marinera de mil puertos
arribando en madrugadas.

Rompiste promesas amargas
narrando rumbos distantes,
inciertos y sin muros.

Surgió la llama y cantaste
con sextante de poeta,
con palabras de ternura.

Floreciste en el canto
escribiéndole a las olas.

Ven, atrévete, sedúceme,
y que las flores florezcan
entre tu cuerpo y el mío.

VOLVIÓ LA HEMBRA AL MITO

Volvió la hembra al mito
de la arcilla, las fuentes y las flores.

Jugó con el fuego y el azar del alfarero.

Entre ritos, súplicas y rubores
desnudó la cama entre temblores.

Aparecieron sombras en sus ojos
y no brotó su voz de lirio joven.

EL TRATO

¿Recuerdas cuál fue el trato?

Solo respeto y ayuda.

Compartir ideas, gustos y fluidos.
Decir siempre la verdad.
Sin ataduras.

Tener todas las satisfacciones,
todas las ternuras.

Entregarse sensaciones y sentidos.
Correr tras las estrellas de las pupilas.
Ver amaneceres recitando poesía.
Surcar mares y tormentas.
Quebrar caducas caderas.
Encender las amapolas.

Hoy, boca a boca,
desnudos, callados,
me siguen embrujando
los ojos que ayer me embrujaron.

TODO LO OCUPAS TÚ

Todo lo ocupas tú:
mis palabras secas,
mis vientos húmedos,
mis intenciones y mis juegos.

No hay manos como tus manos,
ni uvas como tus uvas.

Todo lo ocupas tú.

No puedo huir de ti,
de tu guarida oscura,
de tu lúbrica piel,
de tu lascivia,
ni del ulular del viento
de tu infinita utopía.

El aire de mis sueños vive contigo,
como las olas de este mar
que se derrama.

ÁNGELES Y DEMONIOS

En el pinar, tú y yo
sobre un jergón de paja.

Entre muros de piedra viva
fuimos ángeles y demonios,
escándalo y ejemplo
de un sexo libre, sin ataduras.

Mas allá de toda regla
empalideció la mañana.

Tú y yo, entre los pinos, riendo.
Tú y yo, desnudos, corriendo.

LA BAILARINA

Danza descalza la pujante estrella,
danza para nosotros en el escenario.

Danzan sus ojos tristes.

Hay un sabor oculto en la tristeza
con apariencia de festejo insensato.

Aparcas así sobre mis poros,
humedeciendo la flor del deseo,
desordenando abismos inventados.

Si no eres mi musa y el sexo estalla,
no necesito palabras que me desnuden
ni labios que para mí no fueron creados.

AÚN RECUERDO

Aún recuerdo el calor de tu mano,
caricia que quedó plantada
en nuestro jardín de inocencias.
Dos strelitzias nacieron
de aquel esperado encuentro
y aún está en el candor del aire
la incorregible huella, suspendida
como una flor que se conserva
eternamente agradecida
y que solo tú y yo conocemos.

TU SOMBRA

Entre las mesas vacías
pasa, leve, tu sombra.

Una flor recoge silencios
sobre una línea fría.

La noche deja su huella
en las semillas hambrientas,
y en la garganta del aire
solo bailan las pardelas.

DESCIÉLAME

Quítame del cielo que llevo dentro.
Quítame de tu presencia de trigo.
Quítame de la luz y de la avena.
Quítame del sabor de tus misterios.

Quítame del rumor de los olvidos.

Quítame del sol y de la azucena.
Quítame de la quiebra de la ortiga.

Quítame del barranco y del almendro.

Quítame del sueño sin camino.
Quítame del día si no es tu día.
Desciélame de ti, te llevo dentro.

El azar y el fuego

En la vida lo diferente
es el azar y el fuego.

Sé que merecí aquel verano
cuando, desnudos, vimos pasar
el viento entre las ramas.

Desconocidos, ocultos en el jardín,
resumimos el tiempo a un susurro,
limitamos el mundo a un sendero,
encontrando amor en fuego.

SIN MIEDO

Sin miedo a caer de nuevo
en la locura de un te quiero,
voluptuosa te escurres
entre el sudor y las ganas.

Atado a tu sonrisa,
el fuego rompe el mar.

Lujuria en la sangre.

Entre cuencos de cristal
rauda pasa la aurora.

ME GUSTAS CUANDO HABLAS

Me gustas cuando hablas,
porque me llevas lejos.

Me gustas cuando hablas,
porque tu voz me trae recuerdos
de entrega y sueños.

Me gustas cuando hablas,
porque estás presente,
tan toda, tan nítida, tan tú.

SOLO DEJÉ UN TEMBLOR

Por ti no dejé bosques,
ni puertos, ni alamedas,
solo dejé un temblor,
el olor del mar y de la arena.

Tú, vestida de azul,
ávida y altiva.
Hay un temblor en tu hermosura.
Yo, con alas de pájaro,
vacío y ciego
de agua y olvido.
Todo mi canto es espuma.
¿Qué hacemos con la ternura?

¿Recuerdas?

¿Recuerdas los instantes de la desnudez más pura?

Éramos perfume de azucena.

Ligeros como nubes, susurrábamos
cada sudor, cada verso decantado.

Luz y sombras en la boca.

Instantes de sal y ausencias,
como un poema desnudo y herido.

FUSIÓN

En el espacio de mi piel
pusiste un beso dulce e insistente.

Así prendió la hoguera,
entre ráfagas de besos,
silencios lentos y sueños viajeros.

Con alas de ángel
llegó el vértice del resplandor.

Algo cantaba la alegría
celebrando la fusión de las orillas.

El tiempo detenido se abrió
al corazón de las palabras
que ascendían temblando
a las ávidas bocas humedecidas.

Jadeantes, redondos, gigantes,
fundidos axis y cráter,
fuimos huella, fuimos uno.

YO MATABA AUSENCIAS

Yo mataba ausencias
sobre su boca roja.

Ella escanciaba palabras
sobre silencios dormidos.

Palabras que van cuajando
sobre lujurias saciadas,
sobre las flores vencidas.

Rumor de estrellas

Hay un rumor de estrellas
entre las bocas encendidas
y una sospecha de flecha
bajo la sábana escondida.

Placeres nuevos
que no has vivido
erizan tu piel,
turgen tus senos,
curvan tu cintura.

El temor frena tu ímpetu
y un profundo deseo te empuja.

El ritmo mueve tu cuerpo.

La vida y la muerte te anudan.

CON LA ROPA PUESTA

Mientras cruzabas la calle,
te hice el amor con la ropa puesta.

En mi cabeza hay un sueño
de bocas ardiendo.

Bebiendo en fuentes eternas,
en su afán de germinarse,
el semen, inquieto, me dice:
«En mi cabeza hay un sueño,
este es buen lugar para morirse».

SIN QUERER

Te he mirado sin querer
y sin querer me he detenido
en tu vientre dócil, fértil,
y en tus manos sabias.

Sin querer he derramado el agua
de los oasis verdes de tus ojos,
entreverando horizontes virginales
con la cercana arena de mi desierto.

Sin querer he atado el mundo
de tus aromas encendidos
al devoto signo de mi locura.

Por eso soy fábula errante
cuando no estás conmigo.

Reyes del instante

Tengo en la piel tu nombre escrito,
por eso, cuando te miro,
reconozco el aroma de tu aliento.

Olores que van dejando huellas
en el camino de un dulce encuentro.

Pero, digamos, que un día, libres,
complacientes, nos damos el silencio
y la luz hacia nosotros emigra,
bondadosa, sabia, zurcidora,
y desde su profundo origen nos engalana.

Entonces, desnudos pájaros boreales
abrirán la fuente que ordena el mundo
haciéndonos eternos reyes del instante.

CON ALAS DE PÁJARO

Con alas de pájaro,
como pez sin red,
con agua y olvido.

Así llegó a mi boca,
ávida y lujuriosa.

¿Qué hago con la ternura?

Renuncia

Con lo actual y lo que siento
pienso que no soy tu mejor querer,
y, por quererte, no quiero ser
segador de tus futuros posibles,
misterios de hoy, rutas de mañana,
que la vida te dará a conocer.

Mi vida será la de querer,
la de seguir queriendo,
y, en algún momento,
recordando, pensaré,
agradecido a la vida, en ti,
y sentiré, como hoy siento,
la duda entre posibles:
lo externo, lo circunstancial, lo establecido
y lo que el corazón pide.

Y nunca sabré de la elección correcta:
si al dejar libres los destinos
creamos una mejor oportunidad
o solo he matado la nuestra.

LLÁMAME LOCO

Si llego, te vas;
si te miro, me esquivas.
Veloz surcas el aire
burlando el destino.

Cuando los designios chocan,
lo triste y sombrío vence.

Levanta arrullos derrumbados
y llámame loco.

Escucha la música de fondo.

Escucha mi atrevimiento.

Me dijiste

Me dijiste «bájame la luna»
y entre mis manos nació tu piel
de viento y espuma.

Oscura la noche.

Ausente la huella.

Entre mis manos la luna llena.

FLOR DE ÉBANO

Una flor de ébano se me abrió en la boca.

Lujuria resucitada.

Labios entreabiertos de luz encendida.

Timbales de azul.

Estrellas en la madrugada.

SI TE CONTARA

Si te contara
de noches ebrias
y de colmados olvidos;
de los olores fétidos
y de los pechos fríos.

Si te contara
de manos ásperas,
de lechos rígidos,
de espinas frágiles,
de fuentes turbias,
de montes yermos,
de amores muertos,
inarmónicos, desvalidos.
Si te contara…

YO PUEDO SER

Yo puedo llenar tu sombra,
el espacio del enigma.

Yo puedo ser tu escondite,
tu retiro y tu secreto,
el lugar de tu reencuentro,
el murmullo del silencio.

Yo puedo ser la arena necesaria
en la playa de tu naufragio.

Yo puedo ser, en tus errores,
tus caídas y tu quebranto,
las manos que te cobijen
del amor y el desencanto.

EL ÁRBOL DEL DESAMOR

Flores te traigo, niña,
y en la voz un ruiseñor.
Las flores las llevo dentro,
cerquita del corazón.

Una mañana cualquiera,
sin clarines ni pregón,
una mañana cualquiera
llegó un eclipse de amor.

La savia se heló en la vena,
la raíz se desató,
las flores fueron del viento,
del árbol del desamor.

CUANDO LLEGUÉ

Con los párpados cargados de ansias
y de sueños de adolescencias,
busqué las huellas de tus pies,
la textura de tu pelo y de tu piel,
el color de tu mirada.

Cuando llegué
tú aún no estabas.

Ebrio del hedor del falso amor,
de la inconsciencia,
caí de cuerpo en cuerpo,
de verso en verso.

Soñé el encuentro
y me llené de ausencias
sucias, viejas, secas,
extenuando savias
en las marañas yermas.

Cuando llegué
tú aún no estabas.

LA FRAGUA

Para hacer el arcoíris
hice el sol e hice el agua.
Para tener tus amores
vertí deseo en la fragua.

Encendí la luz en tus ojos,
grité tu nombre en el valle.

El eco te trajo desnuda
y nos hicimos amantes.

FASCINACIÓN

Fascinado por una mujer,
los ojos tienen un último vértice.

En el espejo danza
la ceremonia de ausencia
buscando la luz del poema.

Despacio asciende la presencia.

Hueles a temblor de abejas.

CONVERSACIÓN

El amor no estaba lejos.

Hablaba con la inteligencia

sobre las pérdidas necesarias

hasta llegar y no irse.

FELACIÓN

Toda ella quemaba,
su cuerpo era una hoguera.

Sin prisas, retrocedían los sueños.

Era cierta la medida de su aroma.

Leves y fugaces, sus labios
comían mis flores,
mi néctar bebían.

Intenso el huracán.
Intenso el recorrido.

MUJER DORMIDA

Mujer dormida,
de manos hondas,
de boca oscura,
destiñendo días desnudos
en ávidos sueños de ternura.

Mujer dormida.

Baila silencios.

Sueña destinos.

LA MÁS BELLA HERIDA

Nunca podrás ser culpable de amar.

Abandona el arrepentimiento,
el camino sin ti,
el solitario descampado.

Cuando el sol se ponga,
escupe la oscuridad de la culpa
y muerde la manzana prohibida.

Amar es la más bella de las heridas.

BUSCANDO UN PUERTO

Estoy buscando un puerto
donde desovar mi canción,
donde una rosa de vientos
guíe mis manos centauras
hasta encontrar la vereda
que me conduzca al hogar.

Quiero alumbrar mi muelle
de un amor sin reproches,
desnudo de costas y tiempo
donde pueda abrazarte a mi voz.

COMO UN RUMOR

En silencio, casi sin darme cuenta,
adiviné noches enredadas.

Con la yema de los dedos
acaricié tus cicatrices y tus sueños,
las raíces de tu cuerpo,
los soles de tu madrugada.

Bebí tu acto de luna llena
y, casi sin darme cuenta,
me enamoré de tus tiempos,
de tus aguas plenas.

CAMINA LIBRE

¿Por qué ocultas tus senos?

¿Por qué la espalda encorvas?

Es la naturaleza la que te otorga
la turgencia de tus mamas relevantes.

Enseña al mundo tu esbeltez
y la cadencia de tu cuerpo sinuoso.

No admitas que señoreen tus entrañas.

Disfruta de tu desfile ante miradas
que son noches mutiladas
y camina libre,
como el mar,
como el aire.

LA CONSECUENCIA

Somos la consecuencia
irónica y homérica
de un primer abrazo
entre un Adán lujurioso
y una Eva lasciva.

Comienzo de un tiempo oscuro,
cruel y compartido,
de interminables desencuentros,
mutaciones y experimentos,
placeres, dudas, certezas y olvidos.

Fueron necesarios el gusano y el árbol,
el pájaro y el pez, la flor y el mono.

Y fueron necesarios contactos y distancias,
el grito y la palabra,
la piedra y el palo
bajo una luna encendida,
menguada o callada.

Fueron necesarios el tótem y el rito,
la teología y la novela.

Y fue inevitable la sangre derramada,
el desprecio, la violación y la huida.

Así transcurrieron los siglos,
las conquistas y las derrotas,
el dolor, las rupturas y los encuentros.

Todo fue tendencioso y sutil,
áspero, tierno, malicioso y sonoro,
para que tú y yo estemos ahora aquí,
tendidos al sol,
cogidos de la mano.

AVARICIO

Avaricio el pecado
de iluminadas vírgenes
que acaricien mi rostro.
Avaricio carnes, huesos y llamas
que levitan en los retablos
huyendo de confesionarios.

Inminente milagro
de agnósticos profetas
que anuncian brújulas,
que abandonan distancias,
cadenas y corbatas.

SUEÑO

Sueña mi máscara que vuelo a ti
como una estrella, como una ola
que se reconoce en su espejismo.

Una parte de nosotros se llama flor,
búsqueda, secreto, consuelo,
recorriendo la certeza de la lejanía.

Después de la sed del encuentro
buscamos la afirmación del nosotros
para fundirnos en la confusión del ahora.

En alguna parte los relojes se han parado.

Dos trenes han partido juntos
con destino a cualquier parte.

LEJOS DE TI

¿De qué me hablan tus ojos negros?

¿En qué paisaje no deja huella
tu mirada escondida?

Lejos de ti comprendo la voz
que en la distancia me llama.

Voz azul de espera renovada,
como una canción de agua,
lejana canción de cauce y aire,
que, a veces, dice «ven», y otras, «espera».

Lejos de ti, de tu mirada,
comprendo la luz que me cegaba.

BOHEMIA

Herida de distancia, traviesa,
te sumerges en el sueño
desplegando en el aire
la daga inquieta.

El dolor de ser humana
fragmenta la noche,
revolucionando tu cuerpo bohemio.

Ya no vuela la huella.

AYER

Ayer me diste un suspiro.
Me hiciste Ícaro en tu aire.
Fui aire y fui cielo.

Hoy lo mientes.
Promesa en bancarrota.
Cristales rotos.
Belleza derrotada.

Otra vez te digo:
«Estoy aquí,
dispuesto a hacerte reír,
a hacerte pensar,
a ser contigo».

SÁLVAME

Sálvame de la infancia
con tu palabra, con tu sonrisa.

Ponme un sentimiento en la boca,
rompe el oleaje y reza por mí.

¡Que callen los ojos
y la gravedad de la carne!

Quiero fundirme en ti,
desesperadamente.

PERDER LA PARTIDA

Solo me importa lo que me haces sentir.

Lo importante es la alegría.

Contigo, cualquier apuesta vale,

aunque pierda la partida.

DÉJAME ENTRAR

Déjame entrar, mujer,
no arranques las flores de mi piel,
no juzgues mi fachada.

Limpia las piedras del camino
hasta el umbral de tu casa.

No me des por perdido.

Cúrame la herida incandescente,
que traigo los sueños vencidos.

ALMA DE CONCUBINA

Derroche de luz y luna.

Vaivén de la vida.

Viejas canciones te hablan de sus sueños.

Tacones rotos sobre un suelo ennegrecido.

Negros los ojos. Negro el tormento.

Alma de concubina.

MIENTRAS

Qué distinto es lo que antes vi
de lo que ahora veo,
y qué distinto es mi sentir.

Aquellos ojos que hoy me eluden,
velados, tristes, de anochecer
qué distintos de la luz
que ayer me transparentaban.

Qué distintas las manos hechas de ternura
de los crispados sarmientos de tu piel.

Qué distinta la fruncida mueca de tu boca
de los turgentes labios de risa y miel.

Y todo esto ocurrió mientras,
en la soledad de la trinchera,
cerrados los párpados,
tus ojos y los míos
no se quisieron ver.

Agradecimientos

A todas las mujeres que me han hecho sentir.

A los amigos/as por sus comentarios.

A Pascual González Regalado, difunto autor de la escultura cuya fotografía ocupa la portada.

A Carlos Rodríguez, editor, por facilitar la edición de la obra.

Índice